un film de Jacques Perrin et Jacques Cluzaud

LES AUTEURS

Docteur en océanologie et plongeur professionnel, **François Sarano** passe treize ans aux côtés du commandant Cousteau comme plongeur, conseiller et chef de mission sur la *Calypso*. Il est le président fondateur de l'association de protection de l'environnement marin Longitude 181 Nature. Il participe au film ΩCEANS en tant que plongeur, conseiller scientifique et co-auteur.

Biologiste, ornithologue et journaliste scientifique, **Stéphane Durand** collabore pour la première fois avec Jacques Perrin et Jacques Cluzaud en participant à l'aventure du *Peuple Migrateur*. Depuis 1997, il travaille avec eux comme conseiller scientifique et co-auteur de leurs films (*Le Peuple Migrateur*, *Les Ailes de la nature*, *Voyageurs du ciel et de la mer*, ΩCEANS).

Dépôt légal : octobre 2009 • ISBN : 978-2-02-099799-7 • N° 99799-1 • Loi 49-956 du 16 juillet 1949 sur les publications destinées à la jeunesse
 • Imprimé en France • www.seuil.com

Conception et réalisation graphiques : Isabelle Southgate

Crédits photographiques :
page 5 : Pascal Kobeh • **pp. 8-9 :** Richard Hermann, Pascal Kobeh, François Sarano et photogramme • **pp. 10-11 :** Yves Gladu, Pascal Kobeh et Roberto Rinaldi • **pp. 12-13 :** Yves Gladu, Pascal Kobeh et Hideki Abe • **pp. 14-15 :** Pascal Kobeh et Stéphane Durand • **pp. 16-17 :** Richard Herrmann, Hideki Abe et Koji Nakamura • **pp. 18-19 :** Pascal Kobeh et photogramme • **pp. 20-21 :** Pascal Kobeh, Roberto Rinaldi et Richard Herrmann • **pp. 22-23 :** Pascal Kobeh • **pp. 24-25 :** Pascal Kobeh et Richard Herrmann • **pp. 26-27 :** Roberto Rinaldi et Pascal Kobeh • **pp. 28-29 :** Roberto Rinaldi et François Sarano • **pp. 30-31 :** Richard Herrmann • **pp. 32-33 :** Richard Herrmann, Pascal Kobeh et François Sarano **pp. 34-35 :** François Sarano et Pascal Kobeh • **pp. 36-37 :** Richard Herrmann et Pascal Kobeh • **pp. 38-39 :** Pascal Kobeh et Mathieu Simonet • **pp. 40-41 :** Richard Herrmann, David Reichert, Igor Bely, Johann Mousseau et Stéphane Durand • **pp. 42-43 :** Katell Pierre, Igor Bely, Stéphane Durand et photogramme • **pp. 44-45 :** Stéphane Durand et Igor Bely • **pp. 46-47 :** Stéphane Durand et Pascal Kobeh • **pp. 48-49 :** Stéphane Durand et Pascal Kobeh • **pp. 50-51 :** François Sarano, Mathieu Simonet et photogramme **page 52 :** Pascal Kobeh • **gardes :** (avant) Pascal Kobeh et (arrière) Richard Herrmann

Étalonnage des photographies : Loïc Simon

Légendes : (gardes avant) Poisson Napoléon au-dessus d'un récif corallien habité par un banc de poissons anthias - mer Rouge • **(pp. 52-53)** Jeune éléphant de mer, photographié sur les rivages de l'île Guadalupe, au large du Mexique • **(gardes arrière)** Un poisson-ange de Clarion tente de se mêler à un banc de caranges - île Socorro, au large du Mexique.

CHRISTOPHE RADISSON
OFFERT PAR PAPA
[illegible] 2010

François Sarano
Stéphane Durand

Le peuple d'OCEANS

D'après le film OCEANS de Jacques Perrin et Jacques Cluzaud

Seuil jeunesse

Sommaire

Pour les espèces présentées, les tailles et les poids sont des mesures maximales, données à titre indicatif.

La planète ΩCEANS

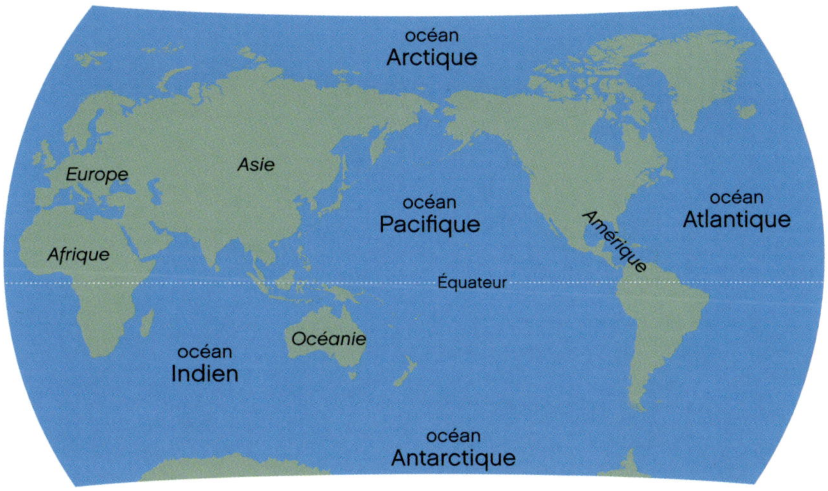

Avec ses 361 millions de kilomètres carrés qui couvrent plus de **70 % de la surface de la Terre**, l'océan demeure le plus grand territoire sauvage de notre planète mais aussi le plus mal connu. Les biologistes ont répertorié environ **250 000 espèces animales marines**, mais ils en découvrent tous les jours de nouvelles. Ils estiment qu'il en existerait encore des millions, dont un grand nombre vivrait dans l'obscurité absolue des abysses encore inexplorés. C'est dire combien nous connaissons mal la mer et les créatures qui y vivent !

Pendant les quatre années qu'a duré le tournage d'ΩCEANS, des équipes ont parcouru les mers du monde, de l'Arctique à l'Antarctique pour aller filmer « chez eux » de nombreuses espèces animales. Elles ont alors découvert des aspects méconnus dans leur manière de vivre, leur comportement, leurs relations avec leurs congénères ou avec d'autres espèces. C'est ainsi qu'elles ont pu étudier **des baleines à bosse** qui pêchent en groupe les harengs (pp. 28-29), observer **une famille d'orques** qui chasse en s'échouant à ses risques et périls (pp. 34-35) ou encore apprendre à connaître l'humeur du **grand requin blanc** à la position de ses nageoires (pp. 18-19)...

Dans ce livre, **nous présentons une vingtaine d'espèces animales**, emblématiques du monde marin. Nous aurions bien sûr pu en évoquer des dizaines d'autres tant la vie marine est variée, mais il aurait fallu un livre pour chacune d'elle !
Chaque « acteur » a son portrait et est présenté dans son environnement ; il est aussi parfois accompagné de « cousins » ou mis en mouvement grâce à des frises « story-boards ».

Alors, des airs au fond des océans en passant par la banquise ou les plages, pars à la rencontre de ce peuple d'ΩCEANS et plonge dans un monde sauvage plein de grâce et de surprises.

LE THON ROUGE

Puissant et hydrodynamique, le thon rouge est le plus impressionnant des poissons migrateurs. Chaque année, il parcourt des milliers de kilomètres pour aller de la mer où il se nourrit à celle où il se reproduit.

Taille : 4,50 m
Poids : 680 kg
Longévité : 30 à 40 ans

Chasseur à sang chaud
On l'appelle «thon *rouge*» parce que sa chair est rouge sang. En effet, ses muscles sont irrigués par un réseau sanguin très développé qui maintient sa température corporelle 10 °C au-dessus de celle de l'eau dans laquelle il nage. Ainsi ce puissant prédateur à «sang chaud» peut efficacement poursuivre ses proies jusque dans les eaux profondes et froides sans être engourdi. Il chasse toutes sortes de poissons (sardines, maquereaux, chinchards...) mais également des calmars et du krill (une sorte de crevette).

Un coureur d'océan exceptionnel
Avec son corps fuselé et ses nageoires dorsale et pectorales qui peuvent se rabattre dans des logettes, le thon avance dans l'eau sans turbulence. La nage en banc favorise encore ses déplacements, car chaque thon bénéficie de l'hydrodynamisme général du banc. Le thon rouge peut atteindre les 50 km/h en pointe, mais sa vitesse de nage se maintient autour de 10 km/h lorsqu'il est en migration.

La naissance d'un seigneur
Chaque année, le thon rouge de Méditerranée descend du nord-est de l'Atlantique où il se nourrit et revient se reproduire dans les eaux tièdes de la Méditerranée. Les femelles y pondent des milliers d'œufs. Puis les jeunes larves restent en pleine eau, dans le plancton. Elles se nourrissent de petits crustacés, mais sont elles-mêmes les proies des plus petites méduses... avant de devenir des seigneurs de l'océan.

Attention aux sushis
La chair crue du thon rouge est très appréciée par les Japonais qui paient des fortunes pour la manger en sushis. Les pêcheurs ne veulent pas réduire leurs captures et les thons n'ont plus le temps d'arriver à l'âge adulte (4 ans) pour se reproduire. À cause de cette pêche excessive, la population des thons rouges de Méditerranée est gravement menacée.

DES COUSINS

THON GERMON (OU THON BLANC)
Taille : 1,40 m - **Poids :** 60 kg

ESPADON
Taille : 4,50 m - **Poids :** 650 kg

POISSON VOILIER
Taille : 3 m - **Poids :** 120 kg

BONITE À DOS RAYÉ
Taille : 1 m - **Poids :** 11 kg

On imagine souvent que les poissons ont tous la forme d'un fuseau parfaitement hydrodynamique et que ce sont tous de formidables nageurs, comme les thons, les espadons ou les requins. Il n'en est rien. Nombreux sont les poissons qui sont de très mauvais nageurs !

L'HIPPOCAMPE FEUILLE...

Taille : 45 cm

Un drôle de poisson
En observant un hippocampe, dont on connaît une cinquantaine d'espèces dans le monde, on comprend vite l'origine de son nom : en grec, *hippo* signifie «cheval». Les Anglais l'ont eux baptisé *sea horse*, c'est-à-dire «cheval de mer». Cet étrange poisson n'a pas d'écailles, mais son corps est recouvert de plaques de peau très résistante formant une sorte de cuirasse. Il se tient parfois verticalement et se déplace lentement grâce à ses deux petites nageoires pectorales et à sa nageoire dorsale.

Un père « enceint »
Chez l'hippocampe, la reproduction n'est pas ordinaire : c'est le mâle qui porte les œufs. Après fécondation, la femelle dépose environ 200 œufs dans la poche ventrale du mâle ! Les petits hippocampes éclosent 4 semaines plus tard.

Un dragon de mer feuillu
L'hippocampe feuille vit dans les eaux tempérées froides et peu profondes du sud de l'Australie. Il reste le plus souvent absolument immobile entre les algues et se laisse balancer par les vagues comme une algue flottante car c'est un bien mauvais nageur.

Une tenue de camouflage
L'hippocampe feuille serait une proie facile et un piètre prédateur sans son extraordinaire camouflage : de multiples expansions en forme de feuilles couvrent son corps et lui donnent l'allure d'une algue ondoyante. Ni ses prédateurs ni ses proies ne peuvent le reconnaître au milieu des végétaux dont il a la couleur. Son attaque est fulgurante, il aspire et gobe en un clin d'œil alevins et petits crustacés qui passent à portée de bouche.

... et d'autres poissons « ne sachant pas nager »

LE POISSON SCORPION

Taille : 40 cm

Très mauvais nageur, le poisson scorpion compense ce lourd handicap par un mimétisme remarquable et une aptitude incroyable à rester absolument immobile durant des heures. Quasiment invisible, il chasse à l'affût petits poissons, crustacés ou mollusques. Les premiers rayons de sa nageoire dorsale inoculent en cas de piqûre un venin particulièrement douloureux.

LE GOBIE À BANDES MARRON

Taille : 9 cm

Ce poisson serait bien incapable d'échapper à un prédateur s'il devait fuir. Il utilise le terrier creusé par la crevette bulldozer pour se mettre à l'abri du danger. Les deux compères se tiennent immobiles à l'entrée du terrier. C'est en posant délicatement son antenne sur le dos du gobie que la crevette, qui est aveugle, apprend l'arrivée d'un prédateur.

Deux états du poisson porc-épic : calme (à gauche) et stressé (à droite) !

LE POISSON PORC-ÉPIC

Taille : 30 cm

Pour ne pas être croqué, le poisson porc-épic, ou diodon, a une technique spectaculaire : il se gonfle rapidement d'eau et ressemble alors à un ballon hérissé d'épines venimeuses. Il n'est pas vraiment hydrodynamique mais plus personne n'ose l'avaler.

LA SEICHE GÉANTE D'AUSTRALIE

Comme la pieuvre et le calmar, la seiche est un mollusque céphalopode.
Il existe une centaine d'espèces de seiches vivant dans toutes les mers du monde.
La seiche géante d'Australie est de loin la plus grande de toutes.

Taille : 1 m
Poids : 3 à 5 kg
Longévité : 2 à 3 ans

Le langage des signes… avec les pieds
Le pied de la seiche est transformé en dix tentacules qui entourent son bec corné et puissant. Ces tentacules lui servent à chasser ses proies (crabes, crevettes, petits poissons…) mais aussi à communiquer. Elle modifie à volonté la position, la forme et la longueur de chacun de ses tentacules et élabore ainsi un véritable langage des signes.

Un mollusque à réaction
La seiche possède un système de propulsion assez sophistiqué. Pour se déplacer, elle utilise son siphon, un organe en forme de tube qui permet d'évacuer l'eau qu'elle a aspirée et de nager à reculons, par propulsion à réaction. Lorsqu'elle se sent en danger, elle projette par ce même siphon un nuage d'encre noire (la sépia) qui trouble l'eau et dissimule sa fuite.

La reine du bal masqué
La peau de la seiche traduit instantanément ses émotions en couleurs, textures et formes. C'est le moyen idéal pour faire part de ses états d'âme au voisin, le moyen le plus efficace pour séduire les femelles, écarter les concurrents et aussi se camoufler. Elle se déguise en un clin d'œil comme bon lui semble. De tous les mollusques, la seiche est celui qui possède le cerveau le plus développé : il gère en temps réel une masse considérable d'informations.

Gros mâle
Les mâles sont généralement plus gros que les femelles et leurs tentacules sont plus longs. Leur corps et les tentacules externes sont frangés de longs voiles ondulants qui les font paraître plus imposants, donc plus séduisants.

Orpheline de naissance
La femelle pond entre avril et juillet plusieurs centaines d'œufs qu'elle attache à l'abri sous un petit surplomb rocheux. L'éclosion a lieu 3 à 5 mois plus tard. Les jeunes seiches sont orphelines car la reproduction marque généralement la fin de vie des adultes.

Yeux panoramiques
La seiche ne voit pas les couleurs mais possède une pupille en W ; sa rétine à double foyer lui permet de voir en même temps devant et derrière elle, comme si elle avait des yeux derrière la tête.

DES COUSINS

Les céphalopodes sont des mollusques particuliers : ils n'ont pas de coquille et leur pied est transformé en tentacules préhenseurs qui entourent la bouche. Les pieuvres en ont 8 ; les seiches et calmars en possèdent 10.

LA PIEUVRE VIOLACÉE DU JAPON
Taille : 2 m

LE CALMAR
Taille : 25 cm

LA SEICHE DE NOUVELLE-CALÉDONIE
Taille : 35 cm

L'ARAIGNÉE DE MER GÉANTE

Ce crabe doit son nom à ses longues pattes grêles qui lui donnent l'aspect d'une grosse araignée. L'araignée de mer géante vit sur la côte sud de l'Australie.

Taille : carapace de 15 cm

Envergure : 70 cm

Longévité : inconnue

Une géante solitaire

L'araignée de mer géante est une des plus grosses araignées de mer connues, mais, malgré sa taille respectable, on ne sait pas grand-chose de ses mœurs. Elle vit en solitaire sur les fonds sableux, depuis la surface jusqu'à 800 mètres de profondeur.

Rassemblement

Quand vient l'automne, changement de programme. Les araignées de mer quittent leurs repaires isolés et partent en pèlerinage vers la surface où elles se retrouvent en troupes innombrables. Ces rassemblements sont spectaculaires : les crustacés forment un véritable tapis de plus de 1 mètre d'épaisseur sur des surfaces grandes comme des terrains de football !

L'union fait la force

La raison de ce comportement est simple : ces crustacés préfèrent muer tous ensemble plutôt que tout seul dans leur coin. En muant, ils abandonnent leur vieille carapace devenue trop petite et, leur corps

mou se trouve exposé à l'appétit des prédateurs. Quand ils sont des millions les uns sur les autres, le risque de prédation est considérablement réduit. Les araignées de mer profitent d'être toutes ensemble pour se reproduire. Leur nouvelle carapace met quelques jours à durcir. Une fois équipées de leur armure flambant neuve, elles se séparent et chacune regagne ses pénates.

Un tas de carapaces

Les tempêtes d'automne peuvent jeter sur les plages australiennes des milliers de carapaces vides, abandonnées par les crustacés. Parfois aussi, ce sont les araignées elles-mêmes qui se trouvent ainsi arrachées à la mer et meurent, nues et desséchées au soleil. Momentanément sans carapace, leurs muscles amoindris n'ont pas pu les retenir au fond. Mais le plus gros problème est la pêche aux pétoncles. Les chaluts qui ratissent les fonds ramassent indifféremment coquillages et crustacés, causant de véritables ravages parmi les rassemblements d'araignées de mer. Le gouvernement australien cherche la parade.

DES COUSINS

Les crustacés ont tous un squelette externe : c'est leur carapace. Comme ils ne s'arrêtent pas de grandir, ils se sentent régulièrement à l'étroit et doivent muer, c'est-à-dire abandonner leur vieille carapace et en fabriquer une nouvelle, sauf le bernard-l'ermite qui se glisse dans une coquille vide de mollusque.

LA SQUILLE
Taille : 30 cm

LE BERNARD-L'ERMITE
Taille : 5 à 7 cm

LE CRABE DROMIA
Taille : 20 cm

LE CRABE FANTÔME
Taille : 5 cm

LA MÉDUSE DORÉE

Ce drôle d'animal, dont il existe plus de 1000 espèces connues, peuple tous les océans depuis des millions d'années. Il est surtout connu pour les brûlures qu'il peut infliger aux baigneurs et qui lui vaut le surnom d'«ortie de mer».

La méduse telle qu'on la connaît, flottant librement en traînant ses tentacules derrière elle, n'est qu'une partie du cycle.

Taille :
1 m de diamètre pour la cloche,
4 m de long pour les tentacules

Qu'est-ce qu'une méduse ?
C'est un sac de gelée plus ou moins transparente rempli d'eau à 98 % et en forme de parapluie. La bouche se situe à l'extrémité du «manche» et les tentacules pendent tout autour de l'ombrelle. À la base des tentacules se trouvent les organes sensoriels, les rhopalies et les ocelles, sensibles à la lumière.

Grande diversité
Chez cette cousine de l'anémone de mer et du corail, il existe une grande diversité de formes, de couleurs et de taille. Les tentacules peuvent être absents ou atteindre le nombre record de 800 ! Leur longueur également est très variable et certaines méduses sont capables d'émettre de la lumière bleue ou verte.

Harpon et poison
Les tentacules sont couverts de poils microscopiques ; à chacun d'eux est associé un harpon épineux d'un dixième de millimètre et une capsule de poison. Le poil fait office de gâchette ; en le frôlant, la victime ouvre la logette du harpon et déclenche l'explosion de la poche de venin. Sous la pression du poison, le harpon jaillit et inocule son venin à la victime, exactement comme une seringue hypodermique, en moins d'un millième de seconde. Ce harpon à usage unique doit être remplacé par une cellule toute neuve. Il y a environ 750 000 harpons sur un tentacule de 10 m de long.

La double vie des méduses
Les méduses sont sexuées : elles peuvent être mâle, femelle ou les deux à la fois. Spermatozoïdes et ovules se rencontrent la plupart du temps en pleine eau, donnant naissance à une petite larve qui erre au fil de l'eau, la planula. À partir de là, ça se complique : ou la larve grandit et donne directement une méduse ; ou elle se divise pour donner une multitude d'autres larves qui sont autant de clones, chacun donnant finalement une méduse ; ou la larve se fixe et prend la forme d'un polype, un pied d'un côté et une couronne de tentacules entourant la bouche à l'autre extrémité.

L'année des méduses
Capacité de clonage très rapide ou grande sensibilité à leur environnement : les raisons des pullulations imprévues et spectaculaires de méduses demeurent mystérieuses. Mais avec le réchauffement climatique et la disparition de leurs prédateurs, les conditions sont de plus en plus favorables à leur développement. Les méduses pourraient bien envahir les mers et devenir les maîtres de l'océan.

Les plus grosses ne sont pas les plus dangereuses
Si de nombreuses méduses infligent des brûlures cuisantes et peuvent mettre en danger les personnes sensibles ou allergiques, une seule est réellement mortelle : c'est *Chironex fleckeri*, une méduse des eaux chaudes de la côte nord de l'Australie dont le venin hyperpuissant peut tuer un homme en quelques minutes.

DES COUSINS

Les méduses et toute leur famille présentent une étonnante variété de formes et de modes de vie et de reproduction. Un point commun : toutes possèdent des tentacules urticants armés de mini-harpons empoisonnés. Certaines espèces sont mortelles.

LA MÉDUSE GÉANTE DU JAPON
Taille : 2 m - **Poids :** 400 kg

LA MÉDUSE AURÉLIA
Taille : 30 cm

LA PHYSALIE (OU GALÈRE PORTUGAISE)
Taille : 20 cm pour le flotteur, plusieurs mètres pour les tentacules

L'ANÉMONE DE MER
Taille : 10 cm

LE REQUIN BLANC

Le requin blanc est le plus grand des poissons prédateurs. On le rencontre dans toutes les mers tempérées du monde, même en Méditerranée. Sa mauvaise réputation, qui n'est pas fondée, est due à une méconnaissance de ce grand squale.

Taille : 7,20 m
Poids : 2,50 t
Longévité : 30 ans, peut-être plus

Le langage du requin
Bien sûr, les squales ne parlent pas, mais ils s'expriment par des mouvements du corps et des nageoires.

Le «grand blanc» est un solitaire. Sûr de lui, il nage lentement, les nageoires pectorales à l'horizontale...

Mais lorsqu'un autre squale se présente face à lui, il arque son dos et abaisse ses nageoires à la verticale. Cette posture d'intimidation est vite comprise par l'intrus, qui le plus souvent s'éloigne pour éviter l'attaque.

Des sens très développés
Le « grand blanc » est doté de sens exceptionnellement aiguisés. Son organe acoustique-latéral (une sorte d'oreille) lui permet de percevoir la moindre vibration à des centaines de mètres. Son odorat, très fin, repère toute odeur de sang ou de putréfaction. Le requin blanc, qui chasse essentiellement à vue, est le seul requin à regarder hors de l'eau, il possède également une excellente vision sous-marine. Enfin, son museau est constellé de récepteurs sensibles aux micro-champs électriques, les ampoules de Lorenzini, qui lui permettent de ressentir les contractions musculaires d'un animal invisible de nuit ou enfoui dans le sable.

Pendant l'accouplement, le mâle mord fermement la femelle pour la maintenir. C'est pourquoi les femelles sont couvertes de profondes cicatrices.

Mangeur de poissons
Le jeune requin blanc se nourrit essentiellement de calmars et de poissons. Adulte, il s'attaque à de plus grosses proies : d'autres requins, de grands thons, et toutes sortes de mammifères marins, phoques, éléphants de mer, dauphins, otaries. Sa réputation de « mangeur d'hommes » n'est pas fondée car c'est un animal très craintif. Les attaques de requin blanc sur l'homme sont rares, celles qui conduisent à une morsure très rares, celles qui entraînent la mort tout à fait exceptionnelles... et le requin ne mange jamais les hommes.

Reproduction
Personne n'a jamais observé la reproduction du requin blanc. On pense que le mâle peut se reproduire à partir de l'âge de 10 ans et la femelle 15 ans. Le requin blanc est ovovivipare, c'est-à-dire que la femelle pond des œufs qui se développent dans son utérus jusqu'à l'éclosion et la mise bas. Lors de la naissance, les jeunes requins mesurent déjà 1,20 mètre, ils pèsent 18 kilos et sont prêts à chasser.

Requin voyageur
On a découvert, grâce à des balises fixées sur des grands blancs, que ce requin solitaire entreprend de grandes migrations et surtout qu'il fait de longs séjours à grande profondeur. On sait maintenant qu'il peut chasser dans de l'eau très froide grâce à sa capacité à maintenir la température de son corps 10 °C au-dessus de l'eau dans laquelle il nage.

Attention fragile
La pêche des requins pour leurs ailerons menace le requin blanc. Le rythme des prélèvements est tel que les requins, bien qu'ils soient une espèce protégée dans de nombreux pays, n'ont plus le temps d'atteindre l'âge adulte, donc de se reproduire. Si la réglementation n'est pas généralisée, le requin blanc, comme les autres requins, risque de disparaître.

DES COUSINS DU REQUIN BLANC

Les requins, dont on connaît au moins 350 espèces, sont des poissons cartilagineux. Contrairement à celui des poissons osseux, leur squelette est très souple.

LE REQUIN BLEU

Taille : 4 m - **Poids :** 200 kg

Ce requin de haute mer vit dans les eaux tempérées. Très souple, il chasse en surface des sardines ou des poissons volants. Mais il peut également plonger jusqu'à 400 mètres de profondeur pour se nourrir de calmars. Ce requin solitaire est un grand voyageur qui entreprend des migrations de plusieurs milliers de kilomètres. Il est menacé de disparition à cause de la surpêche.

LE REQUIN TIGRE

Taille : 6,50 m - **Poids :** 800 kg

Reconnaissable aux rayures verticales de sa peau, ce grand prédateur des mers tropicales chasse le plus souvent en eaux côtières. Il se nourrit aussi bien de poissons que de calmars, de tortues ou d'oiseaux de mer.

LE REQUIN MAKO

Taille : 4 m - **Poids :** 500 kg

Le mako est un requin très vif et nerveux. Il est réputé être le plus rapide de tous les requins et atteindrait la vitesse de 100 km/h sur une courte distance. Il chasse poissons et calmars en haute mer, mais se nourrit aussi de krill quand les bancs sont très denses. Il est menacé de disparition à cause de la surpêche.

LE REQUIN MARTEAU HALICORNE

Taille : 4,30 m - **Poids :** 450 kg

C'est un requin côtier plutôt grégaire qui peut vivre en bancs de plusieurs centaines d'individus. Il chasse le plus souvent de nuit en grande profondeur ; ses proies favorites sont les calmars, mais il ne dédaigne pas les poissons des récifs.

LE REQUIN POINTE NOIRE

Taille : 2 m

C'est un petit requin côtier. Grégaire, il croise en petits groupes dans les eaux de surface des lagons et récifs coralliens. Plutôt actif de nuit, il chasse toutes sortes de poissons du récif, des calmars et des crustacés.

LE REQUIN CITRON

Taille : 3,50 m - **Poids :** 180 kg

Grand requin côtier, plutôt solitaire, qui affectionne les eaux tropicales entre la surface et 100 mètres de profondeur. Il se nourrit de toutes sortes de poissons côtiers, de raies, de petits requins, de crustacés, de poulpes et de calmars.

LE REQUIN BALEINE

Taille : 13 m
Poids : 10 t
Longévité : 60 ans

Le requin baleine est le plus grand de tous les poissons. On le rencontre dans les eaux tropicales du monde entier.

Une croissance sans fin
Ce requin qui ne connaît pas de prédateurs peut vivre très vieux. Comme les autres poissons, il continue de grandir et de grossir toute sa vie... Des marins parlent de requin baleine de 13 mètres. Ce n'est pas invraisemblable, même si les plus gros requins baleines que l'on rencontre aujourd'hui dépassent rarement les 10 mètres.

Discrétion absolue
On ne sait pas grand-chose sur la reproduction du requin baleine. La femelle est ovovivipare (les œufs se développent dans son utérus). On n'a aucune information sur le lieu, l'époque des accouplements, pas plus que sur la durée de la « gestation ». Les jeunes feraient 40 à 60 centimètres à la naissance.

Une énigme !
On le croyait planctonophage, on le découvre amateur d'anchois ; on le connaissait voyageur de surface, il s'enfonce jusque dans les grandes profondeurs (des requins porteurs de balises ont séjourné par 700 mètres)... Ce requin est une véritable énigme.

Géant en danger
La pêche a rapidement éliminé les individus âgés les plus grands, car ils étaient peu nombreux. Aujourd'hui, elle décime les jeunes avant qu'ils ne vieillissent et atteignent des tailles records. Aussi, il est bien difficile aujourd'hui, en l'absence de références écrites fiables, de se faire une idée du nombre et de la taille des grands poissons qui régnaient sur les océans autrefois.
Bien que les requins baleines soient inscrits sur la liste rouge des espèces menacées et que leur commerce soit strictement réglementé depuis 2002, leurs populations se sont effondrées partout dans le monde. Le prix de l'aileron du géant atteint des sommets (20 000 euros) sur le marché asiatique, encourageant le braconnage et le trafic.

LE REQUIN PÈLERIN

Le requin pèlerin est, après son cousin le requin baleine, le plus grand poisson. Il vit dans les eaux tempérées froides.

Taille : 10 m
Poids : 5 t
Longévité : 50 ans

Grand nez
Le requin pèlerin est remarquable par son nez pointu, d'où son nom scientifique *Cetorhinus maximus* : *rhinus* veut dire «nez» et *maximus* veut dire «grand». Sa gueule s'ouvre beaucoup plus largement que celle du requin baleine, son cousin des mers tropicales dans lesquelles il ne s'aventure jamais.

Plancton et poissons
Il se nourrit de plancton et de petits poissons qu'il capture en nageant la gueule béante. Il avale des quantités énormes d'eau qui ressortent par ses fentes branchiales, particulièrement grandes. Le plancton reste piégé entre les épines, ou peignes, qui hérissent les branchies.

Un poisson migrateur
On sait peu de chose de ses migrations qui le conduisent le long des 3400 km du plateau continental européen. On l'observe en été se nourrissant dans les eaux de surface, mais il peut également s'enfoncer très profondément. Un requin porteur de balise est descendu à 850 mètres.

Un grand bébé
Le requin pèlerin atteint sa maturité sexuelle à 14 ans, soit 5,50 mètres pour le mâle, et 18 ans pour la femelle. Le requin pèlerin est ovovivipare. Sa gestation, particulièrement longue, serait de 3 ans ! Le jeune mesure 1,60 mètre à la naissance.

LA RAIE MANTA

Les raies appartiennent à une grande famille de poissons cartilagineux apparentés aux requins. Dans cette famille, la raie manta est une géante. Elle vit dans les eaux de surface des mers tropicales où elle «vole» avec grâce.

Taille : 6,70 m
Poids : 1,4 t
Longévité : 20 ans et plus

Olé !
On l'appelle *manta*, qui signifie «couverture» en espagnol, à cause de la forme de ses deux grandes nageoires. On la surnomme aussi parfois «diable des mers» parce qu'elle a deux grands appendices souples à la commissure des lèvres qui lui font comme des cornes. Malgré sa taille impressionnante, la raie manta est absolument inoffensive.

Des cabrioles pour mieux manger : En plus de canaliser l'eau avec les deux appendices souples qui encadrent sa bouche, la raie fait des loopings pour mieux concentrer le plancton.

Filtrer et manger
Pour se nourrir, la raie manta nage la gueule ouverte, avalant ainsi l'eau qu'elle filtre à travers ses branchies – qui se trouvent sur sa face ventrale. Plancton, crustacés, méduses, mollusques... y restent piégés et sont ensuite avalés. Quand la nourriture est abondante, les mantas peuvent se retrouver en groupes de plusieurs dizaines d'individus pour chasser le fretin lorsqu'il est rassemblé en bancs très denses.

Petites géantes
La raie manta est un poisson ovovivipare (les œufs se développent dans l'utérus de la femelle). Après 13 mois de gestation, la raie manta donne en général naissance à 1 ou 2 petits de 1,20 mètre, dont la taille va doubler au cours de leur première année ! On a observé des femelles sauter hors de l'eau pour donner naissance aux petites raies, encore fripées mais prêtes à nager et à se nourrir de plancton !

DES COUSINS DE LA RAIE MANTA

Dans la grande famille des raies, il y aurait plus de 400 espèces différentes ! Elles ont un corps aplati, de grandes nageoires pectorales – des « ailes » – et souvent une queue longue et fine.

LA RAIE MARBRÉE

Taille : 2,50 m

On rencontre cette raie autour des parois abruptes des îles volcaniques du Pacifique nord. Elle peut former des groupes de plusieurs dizaines d'individus. Elle se nourrit sur le fond de coquillages, de poissons et de crabes. Elle est ovovivipare et met au monde jusqu'à 7 petits en une portée.

LA RAIE LÉOPARD

Taille : 2,80 m

On la rencontre dans les eaux côtières des régions tropicales. Elle plane élégamment au-dessus des fonds sableux sur lesquels elle se pose très rarement, mais elle y picore des crustacés et des mollusques. Pendant la période de reproduction, on observe des rassemblements de plusieurs dizaines d'individus.

LA RAIE PASTENAGUE

Taille : 1 m

Elle vit dans les eaux côtières peu profondes des récifs coralliens. Piètre nageuse comparée à la raie manta et à la raie léopard, elle reste cachée dans le sable pendant la journée, ne laissant dépasser que ses yeux. Très active de nuit, elle chasse les crustacés et les mollusques qui vivent sur les fonds sableux des lagons.

LA RAIE MOURINE

Taille : 90 cm

Cette raie vit en groupe dans les eaux côtières des régions tropicales. Elle fouille les fonds de sable et de vase où elle sait trouver les coquillages qu'elle broie entre ses dents plates et dont elle se régale.

LA RAIE TORPILLE DE CALIFORNIE

Taille : 1,40 m

Cette raie vit dans les eaux tempérées. Elle séjourne dans les forêts d'algues géantes ou près du fond rocheux. Elle se nourrit de poissons (harengs ou flétans) qu'elle tue en les foudroyant d'une puissante décharge électrique. Elle possède deux muscles, situés près de la tête, capables de générer une décharge électrique de 200 volts. Cette décharge peut étourdir momentanément un grand prédateur ou même un plongeur.

LA BALEINE À BOSSE

La baleine à bosse est un mammifère marin remarquable pour ses chants mélodieux et ses sauts spectaculaires. On en rencontre dans toutes les mers du monde.

Taille et poids :
Mâle : 14,50 m / 25 t
Femelle : 15,50 m / 35 t

Longévité : 50 ans

Au singulier
La baleine à bosse doit son nom à la protubérance sur laquelle se trouve sa nageoire dorsale et qu'elle montre au moment de plonger quand elle fait le dos rond. Les « bosses » que l'on voit sur sa mâchoire sont en fait des... poils.

La baleine aux grandes ailes
On l'appelle aussi « mégaptère », c'est-à-dire « grandes ailes » en grec, à cause de ses longues nageoires pectorales, qui font près du tiers de sa taille. Elle les utilise pour communiquer en frappant violemment l'eau, mais également pour effrayer et canaliser les poissons.

Une double vie
Il y a des populations de baleines à bosse, qui suivent le même cycle de vie, dans tous les océans du monde. Quand celles de l'hémisphère Sud vont dans les eaux tropicales pour mettre bas et se reproduire, celles de l'hémisphère Nord sont des dans les eaux des mers froides pour se constituer des réserves

Sauter pour le plaisir ? On ne sait pas vraiment pourquoi les baleines à bosse sautent : se débarrasser de parasites ? signaler leur présence à d'autres baleines ? manifester leur humeur ?... Et si c'était simplement pour le plaisir ?

de graisse ; quand ces dernières rejoignent les mers chaudes, celles de hémisphère Sud se nourrissent de krill en Antarctique. Elles ne se rencontrent donc jamais.

Le chant de l'amour
Pour séduire une femelle, le mâle, tête vers le fond, entonne de très beaux chants qui se propagent sur des kilomètres à la ronde. Les autres prétendants sont ainsi avertis que toute approche provoquera l'affrontement. Après l'accouplement, la gestation dure un an. À la naissance, le baleineau pèse 700 kilos pour 4,50 mètres. Sa mère l'allaite pendant 8 mois ; il l'accompagne au cours de la migration en nageant dans son sillage... un aller-retour de près de 16 000 kilomètres, une belle performance !

En Alaska, une population de baleines a appris à chasser les harengs ensemble. Deux baleines dirigent la chasse : la « bulleuse » tourne autour des harengs en lâchant des bulles d'air pour les effrayer, alors que l'« aboyeuse » chante pour les repousser dans le filet de bulles comme un chien de berger. C'est elle qui donne l'ordre à toutes les baleines de remonter en même temps côte à côte gueule ouverte sous le banc de harengs affolés.

Ripaille
Une baleine adulte consomme en moyenne 500 kilos de nourriture par jour. Elle se nourrit de krill ou de poissons par bancs entiers, en avalant une énorme gorgée d'eau qu'elle filtre ensuite avec ses fanons, comme avec une épuisette géante.

Protégée mais encore fragile
Massacrée par les baleiniers au XXe siècle, jusqu'à l'interdiction de sa pêche en 1983, la baleine à bosse a bien failli disparaître. On compterait aujourd'hui, toutes populations confondues, au moins 60 000 individus. Les baleiniers japonais s'appuient sur ce nombre pour envisager une reprise de la chasse.

LA BALEINE BLEUE

Avec son corps démesuré gris bleuté, la baleine bleue ou rorqual bleu est le plus grand animal qui ait jamais existé.

Taille : 33 m
Poids : 130 t
Longévité : 80 ans

Krill au menu
La baleine bleue est un mammifère marin qui se nourrit exclusivement de krill. Elle en ingurgite près de 4 tonnes par jour ! Lorsqu'elle repère un banc de krill, elle l'engloutit dans une gigantesque gorgée d'eau. Puis, bouche fermée, sa langue repousse l'eau vers l'extérieur à travers les 800 fanons, lames cornées de 1 mètre qui remplacent les dents de la mâchoire supérieure. Elle avale ensuite le krill piégé par ce filtre.

Une croissance phénoménale
La baleine bleue peut se reproduire dès l'âge de 8 ans. Elle mesure alors 23 mètres. L'accouplement a lieu en hiver, mais les scientifiques ne savent pas où ! La gestation dure 12 mois. Le nouveau-né mesure 7 mètres et pèse 3 tonnes. Il grossit de 90 kilos par jour en ingurgitant 300 litres d'un lait très gras. Il grandit de 1 mètre par mois. Au moment du sevrage, 8 mois après sa naissance, il pèse 20 tonnes !

Le souffle le plus puissant de la planète : La baleine bleue plonge rarement au-delà de 100 mètres de profondeur et pas plus d'une quinzaine de minutes. Lorsqu'elle remonte respirer, son premier souffle peut monter jusqu'à 9 mètres.

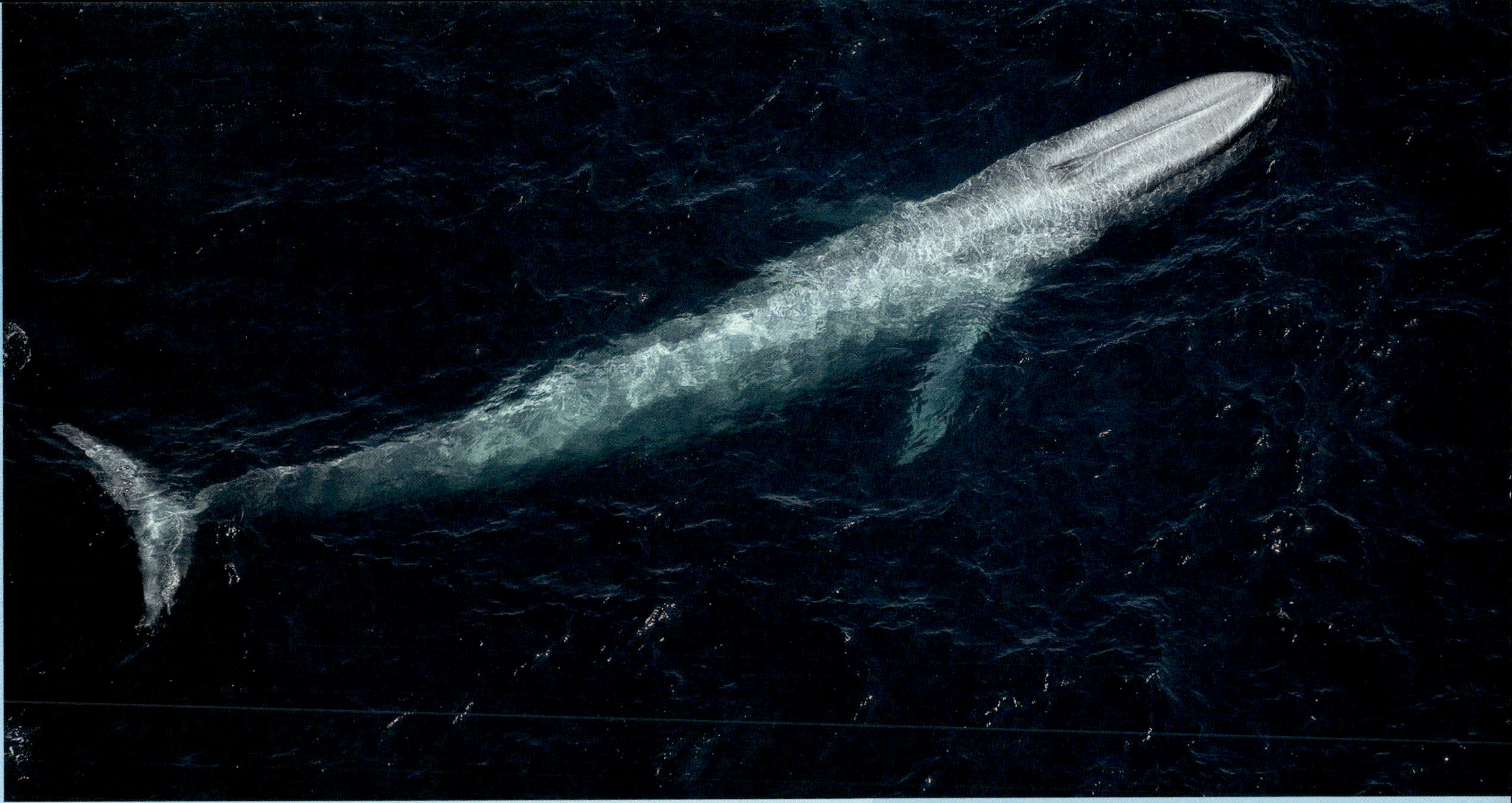

La plus grande baleine capturée pesait 190 tonnes, soit un troupeau de 30 éléphants. Plus lourd que le plus lourd des dinosaures.

L'océan est leur jardin

On rencontre des petites populations de baleines bleues dans tous les océans. Mais ces populations ne se mélangent pas, même si elles font chaque année de grandes migrations. En hiver, la femelle élève son jeune dans les eaux tropicales. En été, elle va se nourrir dans les eaux froides et riches de l'Arctique ou de l'Antarctique suivant l'hémisphère dans lequel elle habite.

Dialogue à travers l'océan

La baleine bleue est un animal solitaire, mais elle communique beaucoup par des chants à très basse fréquence, à peine audibles pour l'homme, qui se propagent à des centaines de kilomètres de distance.

Une nouvelle menace

La baleine bleue n'a pas de prédateurs. Même les orques, qui chassent toutes les autres baleines, ne s'attaquent pas à ce rorqual qui peut nager à 50 km/h. On compte aujourd'hui près de 6 000 baleines bleues, toutes populations confondues. Il y en avait 300 000 à la fin du XIXe siècle, avant les débuts de la chasse à la baleine. Protégée depuis 1982, la baleine bleue est toujours en danger d'extinction. Le développement de la pêche au krill pour l'aquaculture priverait les baleines de nourriture.

LE DAUPHIN À LONG BEC

Le dauphin est un mammifère marin. Le dauphin à long bec est un incomparable acrobate que l'on nomme *spinner*, c'est-à-dire « vrilleur », en anglais.

Taille et poids :
Mâle : 2,70 m / 75 kg
Femelle : 2,10 m / 65 kg

Longévité : 20 ans

Incroyables acrobaties
Le dauphin à long bec vit dans les eaux tropicales de tous les océans. L'espèce du Costa Rica est de loin la plus vive et se distingue de tous les autres dauphins par ses acrobaties aériennes très spectaculaires.

Roi de la cabriole : Le dauphin à long bec du Costa Rica est capable de sauter très haut au-dessus de l'eau, tout en réalisant plusieurs vrilles sur lui-même, avant de replonger dans la mer.

Les dauphins à long bec du Costa Rica ont la nageoire dorsale recourbée vers l'avant, alors que les dauphins à long bec des autres populations du monde ont une nageoire recourbée vers l'arrière.

Amateur de poissons des profondeurs
Le dauphin à long bec vit en troupes pouvant atteindre plusieurs centaines d'individus qui se rassemblent et se séparent au gré des déplacements autour de la nourriture. La nuit, ils chassent les poissons des grandes profondeurs qui remontent pour manger le plancton près de la surface. Ils les encerclent pour les empêcher de redescendre et poursuivent tranquillement leur festin le jour, car ces poissons des grands fonds sont désorientés par la lumière.

Amour maternel
Chez le dauphin à long bec, les accouplements ont lieu toute l'année, mais les couples ne sont pas fidèles. Après 10 mois de gestation, la femelle donne naissance à un petit. Des liens véritablement forts se tissent alors entre le jeune et sa mère qui l'allaite pendant au moins 1 an et lui apprend à chasser des poissons jusqu'à son sevrage, 2 ans après sa naissance.

Protégés
Autrefois, les pêcheurs de thons encerclaient les dauphins avec un immense filet : ils savaient que les dauphins nagent au-dessus des thons car ils mangent les mêmes proies. Emprisonnés dans le filet, les dauphins mouraient par dizaines. En 1990, sous la pression des associations écologistes, les pêcheurs se sont engagés à libérer les dauphins avant de refermer définitivement leur filet sur les thons.

DES COUSINS

Les dauphins montrent une grande variété de forme : certains ont des «becs» très longs, d'autres des museaux très courts, certains ont une nageoire dorsale immense, d'autres n'en ont pas.

LE GRAND DAUPHIN
Taille : 3,50 m - **Poids :** 300 kg

LE LAGÉNORHYNQUE À FLANC BLANC
Taille : 2 m - **Poids :** 100 kg

LE DAUPHIN DE RISSO
Taille : 4 m - **Poids :** 400 kg

LE DAUPHIN DE PÉRON
Taille : 1,80 m - **Poids :** 60 kg

L'ORQUE

L'orque est un mammifère marin qui appartient à la famille des dauphins. On trouve ce puissant animal, facilement reconnaissable à son corps noir et blanc, dans tous les océans du monde.

Taille et poids :
Mâle : 9 m / 8 t
Femelle : 6 m / 4 t

Longévité :
Mâle : 50 ans
Femelle : 60 à 80 ans

Superprédateur
L'orque n'a aucun prédateur, mais elle est le prédateur de tous les habitants de l'océan. On l'a vue attaquer des requins, des raies, toutes sortes de poissons et de calmars et, en groupe, elle s'en prend aux baleines et aux éléphants de mer. En Alaska, on a observé des orques paralyser des saumons en émettant des ultrasons. En Antarctique, elles se lancent à pleine vitesse pour provoquer une énorme vague qui fait basculer les blocs de glace sur lesquels les phoques se reposent.

Esprit de famille
L'orque vit en famille sous la direction de la femelle la plus expérimentée, la matriarche. Le clan est très solidaire. Bien souvent, les proies attrapées sont partagées par tous les membres d'une même famille.

S'échouer pour manger : Cette orque a appris à se glisser hors de l'eau sur la plage pour capturer les jeunes otaries, puis à retourner vers l'eau libre de la haute mer.

Pour la plupart des orques, s'échouer c'est mourir, car elles ne savent pas retourner à l'eau ! Mais pour une petite famille d'orques de la péninsule Valdes, en Argentine, s'échouer, c'est la vie. Ces orques en effet ont développé une technique de chasse «à la côte» très efficace, mais qui demande un long apprentissage. Aussi, chaque jour, même quand il n'y a pas d'otaries, la mère entraîne son petit à vaincre sa peur en s'approchant toujours plus près de la plage. Lorsqu'il sera plus grand, mais pas encore adulte, il poursuivra son apprentissage en accompagnant l'une des femelles dans ses chasses. S'il n'arrive pas à retourner à l'eau tout seul, l'une des femelles fera une énorme vague pour le déséchouer. Il lui faudra des années avant d'être capable de chasser seul.

La femelle donne naissance à un seul petit, tous les 3 ans environ. Les liens entre la mère et son jeune restent très forts même après le sevrage au bout de 2 ans.

Parlez-vous «orque» ?
Les orques communiquent entre elles par toutes sortes de sifflements plus ou moins aigus, plus ou moins longs qu'elles agencent en phrases complexes. Chaque famille a sa propre langue. Au point que les scientifiques peuvent identifier une famille d'orques rien qu'en écoutant ses sifflements ! Elles communiquent également en frappant l'eau avec la nageoire caudale ou en sautant haut hors de l'eau avant de retomber bruyamment sur le dos.

UN COUSIN

Si certains scientifiques pensent qu'il existe plusieurs espèces d'orques, elle a au moins un cousin bien identifié : la pseudorque. C'est un chasseur redoutable qui s'attaque non seulement aux autres dauphins, mais également aux baleines et aux cachalots.

LA PSEUDORQUE (OU FAUSSE ORQUE)
Taille : 5 m - **Poids :** 1 t

LE CACHALOT

Le cachalot, ce cousin des orques et pseudorques, ne s'attaque, contrairement à eux, ni aux autres mammifères ni aux grands poissons. Il se nourrit essentiellement de calmars.

Taille et poids :
Mâle : 18 m / 55 t
Femelle : 11 m / 24 t

Longévité : 70 ans

Le clan des femelles

On rencontre des cachalots dans toutes les mers du monde, de l'Arctique à l'Antarctique. Pourtant les femelles et les jeunes restent dans les eaux chaudes tropicales. Ils forment des groupes très soudés autour d'une femelle dominante. L'entraide est très forte : on a vu une femelle allaitant un baleineau qui n'était pas le sien. Tous les cachalots du clan font front lorsque l'un d'entre eux est menacé par des orques. Les jeunes adultes mâles quittent leur clan vers l'âge de 6 ans et migrent en groupe vers les mers tempérées. Seuls les grands adultes mâles solitaires s'enhardissent jusque dans les eaux glaciales.

Reproduction
Le mâle est mâture vers l'âge de 18 ans. Il mesure alors 13 mètres. Il revient dans les eaux tropicales pour retrouver les femelles adultes (10 ans pour 10 mètres) et s'accoupler. Après l'accouplement, la gestation dure 14 mois. Le jeune, qui mesure 4 mètres à la naissance pour 1 tonne, est allaité jusqu'à l'âge de 2 ans au moins.

Champion d'apnée !
Le cachalot est le roi de la plongée profonde : il peut rester plus de 1 heure sans respirer et descendre jusqu'à 2 000 mètres de profondeur pour chasser les calmars dont il se nourrit presque exclusivement. Dans la nuit absolue des abysses, il « voit » les calmars en utilisant le principe de l'écho : Il émet des séries de sons brefs qui vont rebondir sur le calmar et revenir vers le cachalot. Ces échos, reçus par l'oreille et surtout par la mâchoire inférieure, permettent au cachalot de se représenter la forme du calmar au corps mou et de la distinguer de tout autre objet dur. Le cachalot a ainsi une image très précise, semblable à une échographie, des fonds marins et de ses habitants.

On s'appelle ?
Les cachalots sont des cétacés sociaux qui communiquent beaucoup entre eux par des signaux sonores et par des caresses. Lorsqu'ils sont éloignés et lorsqu'ils chassent dans les abysses, ils communiquent par des phrases plus ou moins longues et complexes formées de cliquetis. Mais quand ils se retrouvent en surface, ils se frottent et se caressent pendant de longues minutes.

Un usage industriel
Pendant très longtemps, le cachalot a été chassé à la fois pour l'ambre gris, une substance que l'on trouve dans ses intestins et qui est utilisée en parfumerie, mais aussi pour le spermaceti, une huile très pure contenue dans sa tête et qui servait à la confection de bougies, de cosmétiques mais aussi à lubrifier les mécanismes de haute précision de machines travaillant à grande vitesse. L'espèce était extrêmement menacée jusqu'à l'interdiction de sa chasse en 1984.

L'OTARIE DE CALIFORNIE

Avec son museau pointu, ses moustaches et sa fourrure qui la font ressembler à un chien, l'otarie de Californie est un mammifère marin très attachant. Elle est aussi très connue du grand public à travers ses numéros dans les cirques et les marinelands.

Taille : 2,40 m
Poids : 200 kg
Longévité : 30 ans

Otarie ou phoque ?
L'otarie a un pavillon externe aux oreilles alors que le phoque n'a qu'une petite ouverture discrète. Elle est, en général, beaucoup plus fine que le phoque et, contrairement à lui, elle se propulse en battant ses longues nageoires pectorales. Enfin, elle a un bassin très souple qui lui permet de basculer ses pattes arrière vers l'avant, sous son ventre. En y prenant appui, elle peut marcher à quatre pattes, comme n'importe quel animal terrestre.

Jamais seule et facile à vivre
L'otarie de Californie vit en grandes colonies, elle nage et pêche en bande. C'est un animal très curieux qui s'approche souvent des bateaux et des plongeurs. Elle s'adapte assez facilement aux modifications de son environnement : il existe des colonies d'otaries dans de grandes villes côtières, comme San Francisco par exemple.

Bavarde comme une otarie
Les colonies d'otaries sont extrêmement bruyantes car elles sont toujours en train de se chamailler pour la meilleure place au soleil. Hurlements, jappements, aboiements, elles ne sont pas très discrètes. D'ailleurs, les premiers explorateurs espagnols de la Californie ont cru, en les entendant dans le brouillard, que c'étaient des « loups de mer » !

Des elfes dans la forêt d'algues
Sous l'eau, l'otarie est la reine de la pirouette : très souple, elle nage avec grâce en se contorsionnant dans tous les sens. Elle peut nager à près de 40 km/h et plonger jusqu'à près de 300 mètres.

Gros dur
Le mâle est beaucoup plus gros que la femelle et a le front bombé. Il constitue un harem qu'il défend avec ardeur.

LE PHOQUE LÉOPARD DE MER

Ce phoque solitaire de l'Antarctique est appelé léopard de mer à la fois à cause de sa fourrure tachetée et de sa vie de prédateur. Une redoutable réputation pour ce grand mammifère marin.

Phoque ou otarie ?
Quand un phoque sort de l'eau, il rampe sur le ventre en se traînant comme une grosse chenille. Les phoques sont souvent solitaires et vivent plutôt près des pôles alors que les otaries ne fréquentent jamais la banquise. La seule région du monde où phoques et otaries se côtoient est la côte pacifique de l'Amérique du Nord.

Taille : 3,80 m
Poids : 500 kg
Longévité : inconnue

Crevettes et chair fraîche
Le léopard de mer mange essentiellement du krill, ces petites crevettes rouges si abondantes dans les eaux froides des pôles. Il les filtre à travers ses dents pointues. Cependant, il ne manque aucune occasion de faire un repas plus nourrissant, constitué d'un jeune phoque ou d'un jeune manchot.

Un chasseur de surface
Le léopard de mer est un prédateur agile et rapide mais ce n'est pas un grand plongeur. Ses apnées durent 2 à 3 minutes et il ne descend pas au-dessous de 50 mètres de profondeur. Comme tous les phoques, et contrairement aux otaries, il nage en ondulant de gauche à droite, tel un poisson.

Sale quart d'heure pour ce manchot papou : Le léopard de mer laisse rarement échapper sa proie qu'il dépècera ensuite en la jetant en l'air.

Un crocodile au pôle Sud
L'été, la femelle léopard campe devant les colonies de manchots et établit temporairement un territoire de chasse très disputé. Une fois installée, elle surveille les allées et venues en attendant la mise à l'eau des jeunes manchots nés au printemps.

Maladroits et lents, ceux-ci font des cibles parfaites pour les prédateurs embusqués sous la surface, dont seules les deux narines émergent pour respirer. C'est la stratégie dite du « crocodile ».

Majeur à 1 mois
Après s'être accouplée durant l'été austral, la femelle léopard donne naissance, au printemps suivant, à un seul petit. Elle met bas directement sur la banquise. Le bébé grandit si vite qu'il peut se débrouiller seul au bout de quatre semaines. Sa mère ne s'occupe plus de lui et se met en quête d'un nouveau partenaire.

DES COUSINS

L'ÉLÉPHANT DE MER BORÉAL
Taille : 5 m - **Poids :** 2,2 t

LE PHOQUE BARBU
Taille : 2,50 m - **Poids :** 400 kg

LE PHOQUE CRABIER
Taille : 2,60 m - **Poids :** 410 kg

LE PHOQUE VEAU-MARIN
Taille : 2 m - **Poids :** 170 kg

LE MANCHOT EMPEREUR

Le manchot empereur est un drôle d'oiseau : il est incapable de voler mais, dans l'eau, il nage et plonge comme un véritable poisson. Il a choisi d'habiter l'une des régions les plus froides du monde : l'Antarctique.

Taille : 1,20 m

Poids : entre 20 et 40 kg (selon la saison)

Longévité : 20 ans

L'oiseau qui se prenait pour un poisson

Des ailes en forme de nageoire et un corps fuselé permettent au manchot empereur de nager avec aisance. Il est capable de parcourir des centaines de kilomètres, de plonger jusqu'à près de 500 mètres de profondeur et de rester en apnée près de 20 minutes ! Pour résister au froid polaire (la température moyenne en Antarctique est de - 20 °C !), il est doté d'un manteau de plumes imperméable qui recouvre l'épaisse couche de graisse située sous sa peau !

Seul en mer, en colonies à terre

Le manchot empereur passe l'été en mer à pêcher, seul ou en petits groupes. Il se nourrit de krill, de poissons et de calmars. Gavé et bien gras, il revient à l'automne sur la banquise pour s'accoupler. Il rejoint d'autres congénères dans des colonies, aussi appelées « manchotières », qui comportent parfois des milliers d'individus.

Le manchot fait la tortue

Quand la banquise est balayée par des vents violents et que les températures chutent, les manchots se serrent les uns contre les autres, jusqu'à 10 par mètre carré. Ils font la « tortue » (du nom de la formation militaire utilisée par les Romains). Ainsi regroupés, ils limitent les pertes de chaleur (on a mesuré jusqu'à 37 °C à l'intérieur d'un tel regroupement !). Mais ceux du centre ont trop chaud et ceux de la périphérie ont trop froid, alors ils se déplacent sans cesse pour rester à la meilleure température.

Le manchot empereur est le plus grand des manchots : l'adulte a la taille d'un enfant de 5 ans qui aurait enfilé une combinaison de plongée par-dessus une combinaison de ski. Chaud, mais pas très pratique sur la glace ; sous l'eau, au contraire, il évolue avec une aisance déconcertante.

Un papa poule

Le manchot empereur ne construit pas de nid et il est le seul oiseau à se reproduire en hiver. Quand la femelle pond son œuf unique, elle le confie aussitôt au mâle avant de regagner la mer ; le père reste seul à couver l'œuf – en le gardant, au chaud sous un repli de peau, calé sur ses pattes –, sans bouger et sans manger pendant 2 longs mois froids et obscurs.

Garde alternée

À l'éclosion de son poussin, la femelle revient relever son partenaire, le gosier bien garni pour assurer les premières becquées. C'est au tour du mâle, qui a perdu près de la moitié de son poids, d'aller pêcher. Pendant les mois suivants, de la fin de l'hiver au début de l'été, les deux parents vont se succéder une dizaine de fois chacun pour nourrir leur poussin. Ils ne se voient pour ainsi dire jamais et ne se croisent qu'à la colonie : le manchot empereur a inventé la garde alternée.

DES COUSINS

Les manchots sont tous bâtis sur le même modèle : ils marchent debout dressés sur leurs petites pattes palmées et ils nagent en se propulsant avec leurs ailes-nageoires, courtes mais puissantes.

LE MANCHOT ADÉLIE
Taille : 71 cm - **Poids :** 5 kg

LE MANCHOT À JUGULAIRE
Taille : 70 cm - **Poids :** 4 kg

LE MANCHOT PAPOU
Taille : 80 cm - **Poids :** 7 kg

LE MANCHOT DES GALÁPAGOS
Taille : 50 cm - **Poids :** 2 kg
Le seul manchot à vivre sous l'équateur.

LA FRÉGATE DU PACIFIQUE

La frégate est un grand oiseau de mer qui, bizarrement, n'aime pas l'eau : son plumage n'est pas imperméable, et ses pattes sont bien trop courtes pour lui permettre de barboter.

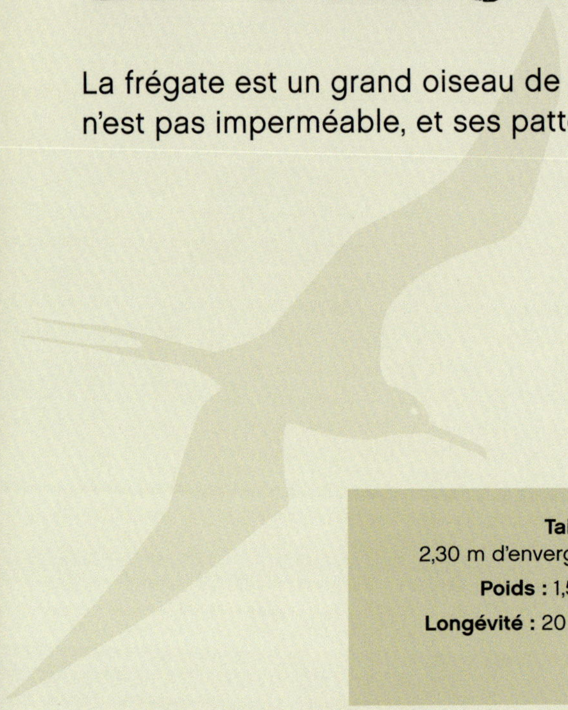

Taille : 2,30 m d'envergure
Poids : 1,5 kg
Longévité : 20 ans

Monsieur et madame frégate
On reconnaît la frégate à son plumage noir, à ses grandes ailes (son envergure peut atteindre 2,30 mètres !), à sa longue queue fourchue et à son bec crochu. Mâle et femelle sont faciles à identifier : madame a le cou blanc tandis que monsieur possède sur son cou une sorte de poche rouge vif qu'il gonfle à la saison des amours pour séduire sa belle.

Plus légère que l'air !
En rapport à sa grande taille, la frégate est le plus léger oiseau de mer : son squelette pèse moins lourd que son plumage ! Elle peut voler et planer très longtemps au-dessus de la mer sans se fatiguer. Ses longues ailes pointues et sa queue échancrée lui permettent de virevolter dans les airs comme aucun autre oiseau marin. Elle passe même la nuit à plus de 2 000 mètres d'altitude, bercée par les alizés. Le ciel est aussi un bon poste d'observation pour surveiller des kilomètres carrés d'océan.

Rapide comme l'éclair : En une fraction de seconde, cette jeune frégate a attrapé au vol un bébé tortue, une cible facile pour s'entraîner sans risques.

DES COUSINS

Les oiseaux de mer sont des planeurs d'un genre particulier : pour profiter au mieux des turbulences du vent au ras des vagues, leurs ailes sont longues et étroites comme des lames de couteau.

L'ALBATROS HURLEUR
Taille : 3,50 m - **Poids :** 11 kg

LE PÉLICAN BRUN
Taille : 2,20 m - **Poids :** 6 kg

LA STERNE ROYALE
Taille : 50 cm - **Poids :** 500 g

Reine de la voltige, championne de la piraterie
Comme la frégate ne peut pas se poser à cause de ses petites pattes, elle doit capturer ses proies à la volée, sans jamais s'arrêter : au sol (poussins d'autres oiseaux, bébés tortues...) ou à la surface de la mer (poissons volants...). Autre possibilité : le grand banditisme. Elle est passée reine dans l'art de soutirer leur prise aux oiseaux revenant de la pêche, notamment aux fous et aux sternes. C'est là que son adresse exceptionnelle en vol lui est très utile.

Reproduction ralentie
La femelle pond 1 œuf tous les 2 à 4 ans. Le petit s'envole après 4 à 7 mois passés au nid. Le mâle abandonne vite l'éducation du poussin aux seuls soins de la femelle dont il reste dépendant pendant près de 1 an encore, quémandant toujours sa nourriture. En effet, les techniques de capture sont si perfectionnées que le jeune a besoin d'une longue période pour les acquérir en toute tranquillité.

LA TORTUE VERTE

La tortue verte est un reptile aussi agile dans l'eau que lent et maladroit à terre.
Cet animal à l'aspect préhistorique peuple les océans depuis plus de 100 millions d'années.

Taille :
de 1 m à 1,40 m de long

Poids :
de 150 à 230 kg

Longévité :
70 ans environ

À chaque âge son goût
Jeune, la tortue verte est carnivore : elle se nourrit de vers marins, de mollusques et d'œufs de poissons. Adulte, elle devient strictement végétarienne et broute les algues et les plantes aquatiques qui poussent à faible profondeur le long des côtes.

Pourquoi verte ?
La tortue verte est la plus connue des tortues marines et aussi une des plus grandes. Son nom ne vient pas de la couleur de sa carapace (qui est plutôt brune ou grise, avec des motifs irréguliers), mais de l'étonnante couleur de sa graisse qui a tant intrigué pêcheurs et chasseurs.

À l'eau !
Les tortues terrestres existent depuis plus de 300 millions d'années. Les tortues marines sont issues d'un groupe de tortues terrestres qui sont retournées à l'eau il y a plus de 100 millions d'années.

La ruée vers la mer : Les bébés tortues émergent tous ensemble et se ruent vers la mer.
Ils sortent habituellement de nuit, mais sur l'île Europa, dans l'océan Indien, un quart d'entre eux sortent de jour.

Une vie en mer
La tortue verte passe sa vie en mer. L'accouplement se déroule donc en pleine eau. Une fois que le mâle a trouvé une femelle, il s'accroche tranquillement à la carapace de sa compagne, qui doit le porter ainsi pendant des heures épuisantes. Si le mâle ne vient jamais à terre, la femelle doit trouver une plage pour pondre.

Le parcours du combattant
La femelle se hisse péniblement de nuit sur la plage pour creuser dans le sable une cuvette large de 2 mètres et profonde de 1 mètre. Au fond de ce trou, elle creuse une chambre d'incubation où elle dépose une centaine d'œufs. Après avoir soigneusement rebouché le tout, elle retourne à l'eau avant le lever du soleil. Elle recommence plusieurs fois par saison, mais ne pond que tous les 2 ou 3 ans.

Au soleil !
C'est le soleil qui couve les œufs. 50 jours après la ponte, c'est l'éclosion... sous 1 mètre de sable ! Les petites tortues, qui mesurent 5 centimètres et pèsent 25 grammes, creusent lentement le sable pour remonter vers la surface puis elles sortent toutes ensemble et se ruent vers la mer.

Une boussole dans la tête
On ne sait pas comment elle fait pour la retrouver après tant d'années passées en mer, à des milliers de kilomètres de distance, mais la tortue verte femelle retourne toujours pondre sur ou à proximité de la plage de sa naissance.

Un faible taux de survie
Dès leur naissance, de nombreux prédateurs pourchassent les bébés tortues : oiseaux, rats, crabes, poissons, requins, etc. Seule 1 jeune tortue sur 1000 atteindra l'âge adulte, c'est-à-dire vers 20 ans ! De plus, étouffées par accident dans les filets de pêche ou en mangeant des sacs en plastique, chassées pour leur viande et leurs œufs, perturbées par le bétonnage des côtes et les lumières des villes, les tortues marines sont menacées de disparition.

L'IGUANE MARIN

Drôle de lézard : avec sa crête hérissée de piquants, sa peau sombre recouverte d'écailles et ses grosses pattes, l'iguane marin des îles Galápagos semble tout droit sorti de la préhistoire. Mais ce reptile est absolument inoffensif, il passe son temps à brouter des algues et à se dorer au soleil...

Taille : de 75 cm à 1,30 m
Poids : de 1 à 3 kg
Longévité : inconnue

Au soleil !
Comme tous les reptiles, l'iguane marin a le sang froid. Tous les matins, il se réchauffe au soleil, étalé de tout son long sur un rocher. Quand sa température corporelle atteint 35,5 °C, il peut commencer à s'activer.

Un lézard unique au monde
S'il n'est pas le seul lézard à savoir nager, l'iguane marin est le seul à plonger pour chercher sa nourriture. Il se nourrit exclusivement de petites algues qui tapissent comme une moquette les rochers immergés.

Aglagla...
Bien que les îles Galápagos soient situées sous l'équateur, les eaux qui les baignent sont froides : un courant sous-marin monte des grands fonds et la température de la mer ne dépasse pas les 14 °C en surface ! Aussitôt sortis de l'eau, transis de froid mais l'estomac rempli, les iguanes reprennent leur position étalée au soleil.

Monsieur plonge
Pour réduire sa consommation d'oxygène lorsqu'il plonge, l'iguane ralentit, jusqu'à l'arrêter parfois, son rythme cardiaque. Les jeunes et les femelles sont moins téméraires que les mâles : ils restent prudemment près des rochers qui découvrent à marée basse. Revenu à terre, l'iguane éternue fréquemment pour éliminer le sel accumulé dans les glandes situées sous ses yeux et connectées aux narines.

Mère poule
La femelle ne pond que 1 an sur 2. Elle choisit la saison la plus chaude (de décembre à avril) pour creuser plusieurs terriers de 50 à 80 centimètres de profondeur dans le sable noir. Elle y pond 3 à 5 œufs de la taille d'un petit œuf de poule qu'elle surveille pour s'assurer qu'aucune autre femelle ou prédateur ne vienne les déterrer.

Seuls les plus grands iguanes mâles osent s'aventurer au large et plonger à plusieurs mètres de profondeur. Ce sont d'excellents nageurs et de vrais plongeurs : ils atteignent sans problème 20 mètres de profondeur au cours d'apnées durant de 7 à 12 minutes.

DES ANIMAUX DISPARUS ET MENACÉS

On a longtemps pensé que les richesses des océans étaient illimitées. Mais sous l'effet des activités humaines, les océans sont aujourd'hui menacés : surpêche, pollution en tout genre, marées noires, réchauffement climatique...
Et les animaux marins sont les premiers à subir ces dégradations de leur environnement.
Certains ont déjà disparu. Parviendrons-nous à inverser la tendance avant qu'il ne soit trop tard ?
L'exemple de certaines espèces sauvées de l'extinction montrent qu'il est permis d'espérer.
Voici quelques-unes de ces espèces disparues, menacées ou rescapées.

DISPARUE EN 1768

Animal sculpté par Francis Poirier pour le film OCEANS.

LA RYTHINE DE STELLER

27 ans seulement après sa découverte en 1741 par des explorateurs russes autour de quelques îles du détroit de Béring, cette cousine géante des dugongs et des lamantins disparaissait sous les coups des chasseurs en quête de gibier facile pour remplir les cales des navires. Il n'existe plus aujourd'hui que quelques squelettes incomplets de rythine.

Taille : 8 m
Durée de vie estimée : 50 à 80 ans

LE PHOQUE MOINE DES CARAÏBES

Les phoques sont confinés aux eaux tempérées et froides. Seules 3 espèces vivent dans les eaux chaudes ; ce sont les phoques moines de Méditerranée, d'Hawaii et des Caraïbes. Malheureusement, l'espèce des Caraïbes a disparu en 1950, dérangée sur ses plages de reproduction, tuée par les chasseurs et les pêcheurs. Les deux autres espèces sont en danger critique de disparition.

Taille : 2,40 m
Durée de vie estimée : 30 ans

DISPARU EN 1852

Animal naturalisé du Muséum national d'histoire naturelle de Paris, prêté pour le tournage du film OCEANS.

LE GRAND PINGOUIN

C'était le seul pingouin qu'il était possible de confondre avec un manchot car ses petites ailes l'empêchaient de voler. Il vivait en colonie sur les côtes rocheuses de l'Atlantique Nord, de l'Écosse au Canada. Très maladroit à terre, il fut une cible facile pour les ramasseurs d'œufs et les chasseurs qui tuèrent le dernier couple en Islande en 1852.

Taille : 60 à 70 cm
Durée de vie estimée : inconnue

DISPARU EN 1950

Animal sculpté par Clément Wintz pour le film OCEANS.

Animal sculpté par Mimsy Farmer pour le film ΩCEANS.

LE DAUPHIN DU YANGTSÉ KIANG

Ce dauphin d'eau douce vivait dans le plus grand fleuve de Chine. Il devait être filmé pour ΩCEANS, mais il a disparu en 2007. Barrages hydroélectriques, digues pour contenir les crues et réguler le débit du fleuve, pollution extrême et pêche intensive ont eu raison de cette espèce longtemps considérée comme la déesse du fleuve. Vénéré mais pas protégé…

Taille : 2,50 m
Durée de vie estimée : 25 ans

Image de synthèse en 3D créée par L'EST/MIKROS pour le film ΩCEANS.

Taille : 18 m
Durée de vie estimée : 70 ans

LA BALEINE FRANCHE DES BASQUES

Cette baleine fut appelée « franche » par les chasseurs car elle se laissait approcher en toute confiance et son cadavre, une fois harponné, flottait en surface, facilitant ainsi les opérations de dépeçage. Cette baleine de l'Atlantique Nord est chassée depuis la préhistoire, et les populations européennes ont disparu depuis des siècles. Il reste une petite population de 200 individus vers le Labrador et Terre-Neuve.

LA LOUTRE DE MER

La loutre de mer vivait tout le long des côtes du Pacifique Nord, du Mexique jusqu'au Japon. Sa fourrure (la plus dense comparée à celle des autres mammifères), qui l'aide à se protéger du froid des eaux qu'elle fréquente, a bien failli signer sa perte. Cette fourrure se vendait très cher, aussi la loutre a-t-elle été chassée intensivement jusqu'au début du XXe siècle. Les dernières populations sont cantonnées aux côtes d'Alaska et aux rivages escarpés du centre de la Californie. Des mesures de protection efficaces ont permis à ces rescapées de recoloniser une partie des côtes californiennes.

Taille : 1,30 m
Durée de vie estimée : 15 ans

À la rencontre du peuple d'ΩCEANS

Et maintenant, ferme ce livre et... oublie-le !

Des iguanes marins, des seiches géantes, des araignées de mer australiennes, qui sont autant de héros du film ΩCEANS, nous ne savons guère plus que ce qui est mentionné dans ces pages. De la plupart des espèces marines connues, nous n'avons qu'une liste de noms. En réalité, nous ne savons presque rien de la mer. Partout, sous toutes les latitudes, à toutes les profondeurs, il reste tant à découvrir !

Ouvre grands tes yeux et tes oreilles, aiguise tous tes sens et, à ton tour, pars à la découverte du monde marin et des créatures fascinantes qu'il abrite : aucune image, aucun texte jamais ne remplacera la rencontre avec les animaux marins dans leurs propres milieux, chez eux, sous l'eau.

Va découvrir les espèces inconnues, et redécouvrir celles que nous croyons connaître. Approche-toi, elles te surprendront toujours, comme elles nous ont surpris.

La nature sauvage est imprévisible et d'une richesse sans limites. S'il y a un secret de la vie, il est là, sous tes yeux, dans les mille et une relations que tissent les animaux entre eux et avec le monde qui les entoure.